Esplorare il parco giochi OpenAI: liberare la creatività con l'IA.

Esplorare il parco giochi OpenAI: liberare la creatività con l'IA.

Di: Aaron Cockman

Serie: "Strategie più intelligenti per le aziende moderne"

Versione 1.1 ~ Marzo 2025

Pubblicato da Aaron Cockman su KDP

Indice.

INTRODUZIONE.

L'intelligenza artificiale è stata uno dei gadget più veloci a rivoluzionare il mondo della tecnologia. Nel corso del tempo, poche altre innovazioni hanno avuto questa velocità e questo vero e proprio successo. Il futuro che prima sembrava fantascienza è a portata di mano per ridefinire il nostro modo di pensare, creare e navigare nel nostro mondo.

Venendo all'intelligenza artificiale, uno dei leader armati di guerriglia nella ricerca e sviluppo dell'IA, OpenAI ha democratizzato la potenza di supercalcolo dell'intelligenza artificiale al punto che è possibile sfruttare la sua inaccessibile potenza distruttiva utilizzando semplicemente un PC.

Quindi, come si fa anche solo a iniziare a mettere un piede nell'acqua di questa tecnologia di frontiera?

Come si fa a far progredire GPT-3 e GPT-4 senza diventare un pazzo delirante di complessità?

È proprio qui che ti aiuterò con questo libro: Esplorare l'OpenAI Playground.

L'OpenAI Playground è uno spazio interattivo in cui chiunque, che si tratti di sviluppatori, artisti, scrittori, imprenditori o semplici appassionati di IA, può giocare con i nuovi modelli di OpenAI. In sostanza, è una sandbox in cui è possibile sperimentare idee, regolare la risposta dell'IA come indicato e creare meraviglie, tutto al volo. Non è necessaria alcuna competenza tecnica.

Il Playground è una casa per tutti; che tu stia cercando di produrre qualche nuovo scritto, di portare la tua automazione a un livello superiore o di diventare tecnico con la generazione di codice, il Playground fa per te. Ma precipitare nell'abisso di OpenAI è travolgente. Quando gli strumenti sono abbondanti in profondità e ampiezza, ti chiedi: cosa faccio dopo su OpenAI? Ed è per questo che esiste questo libro.

Esploreremo l'OpenAI Playground e riveleremo come sbloccarne il pieno potenziale con tutorial divertenti e accessibili. Non preoccuparti, questa è la tua guida pratica per avventurieri, non un noioso manuale tecnico.

Per tutti coloro che cercano di costruire un chatbot, mettere insieme un'applicazione di intelligenza artificiale o meravigliarsi di quanto siano interessanti le prospettive nella tana dell'orrore dell'apprendimento automatico in Exploring OpenAI Playground, sarete i miei fedeli compagni lungo il percorso.

Il cuore di questo libro è un'esperienza di chiacchierata con i modelli OpenAI e la scoperta di quanto siano aperti e sofisticati. Lo vedrete presto; le possibilità sono infinite. È possibile costruire un'intelligenza artificiale per scrivere una poesia, descrizioni di prodotti o qualsiasi cosa relativa a processi decisionali complessi.

Vuoi sviluppare un'IA come assistente per la tua applicazione web o mobile? È a portata di mano. Come principianti in questo Playground, ti aiuteremo a entrare direttamente nel mondo dell'IA senza un background tecnico.

In questo libro, ti guideremo attraverso tutto ciò che devi sapere sull'interfacciamento con i modelli di OpenAI, dall'apprendimento delle basi del testo all'inserimento di tecniche più complesse come la creazione di prompt e la generazione di codice.

Discuteremo di come mettere a punto le risposte dell'IA in base ai tuoi gusti, quali impostazioni e parametri dovresti provare e come realizzare applicazioni di IA che abbiano importanza con la loro enorme funzionalità. Ma questo libro non finirà qui; ti ispireremo anche a immaginare cosa farà l'IA in futuro e ti faremo vedere cosa c'è all'orizzonte, la prossima ondata di innovazioni.

L'OpenAI Playground è un universo di possibilità. Che tu sia un principiante curioso, uno sviluppatore che vuole saperne di più o un imprenditore che vuole utilizzare l'IA per le proprie esigenze aziendali, il Playground offre infinite opportunità.

Potrai acquisire una buona padronanza di come sperimentare con i flussi di IA, perfezionarli per adattarli alle tue esigenze e lottare per ciò che sembra impossibile alla fine di questo libro. Te ne andrai sentendoti potente, dopo aver giocato con una tecnologia all'avanguardia che è divertente, soddisfacente e molto più accessibile.

Allora, cosa stai aspettando? OpenAI Playground è a portata di clic. Con il nostro primo esperimento, ci dirigiamo verso l'orizzonte infinito dell'intelligenza artificiale.

CAPITOLO 1: PANORAMICA DEL PARCO GIOCHI OPENAI.

OpenAI Playground è il tuo migliore amico. È una piattaforma potente e facile da usare che consente sia ai dilettanti che ai professionisti di giocare con i modelli di IA all'avanguardia di OpenAI (GPT-3 e 4, che sono i miei preferiti al momento).

È una sandbox in cui puoi testare l'IA dal vivo come un essere umano. Puoi chiedere e manipolare l'intelligenza artificiale in tempo reale per creare risposte, generare testo o creare applicazioni personalizzate senza codifica. È un luogo pensato per ispirare idee creative e innovative.

Che tu sia uno studente, un imprenditore, uno sviluppatore o anche un profano interessato all'IA, Playground ti offre tutto ciò di cui hai bisogno per giocare e rivelare la vera potenza del modello di IA.

Potresti scrivere poesie e persino saggi, creare chatbot conversazionali o soluzioni di codice in pochi clic. Esploriamo le sue caratteristiche qui sotto:

A. Funzionalità di OpenAI Playground.

1. Interfaccia intuitiva.

OpenAI Playground è stato creato per le persone comuni. Il layout è semplice e il flusso di informazioni è chiaro, il che rende l'esperienza utente una delle più accessibili sia per i principianti che per i guru. Su Playground, si ottiene un campo di testo con esempi di ciò che può essere inserito e le risposte generate dall'IA in tempo quasi reale.

2. Vari modelli di IA.

Una delle cose più impressionanti di Playground è la possibilità di accedere ai vari modelli GPT-3 e GPT-4 di OpenAI. Modelli diversi hanno punti di forza diversi.

Ad esempio, GPT-3 è molto bravo a scrivere testi che sembrano umani, mentre GPT-4 fornisce risposte che si avvicinano alla verità e alle sfumature reali. È possibile passare dall'esperimento ai modelli e viceversa, a seconda di ciò che funziona meglio per il proprio obiettivo finale, che si tratti di debugging tecnico creativo, copywriting o programmazione di un assistente AI.

3. Parametri personalizzabili.

OpenAI Playground ti consente di modificare il comportamento dell'IA con parametri personalizzabili. Ad esempio, puoi regolare la temperatura per un'IA più creativa o orientata ai risultati.

I Tunes controllano la lunghezza della risposta dell'IA; i token massimi e la penalità p/frequenza massima verranno utilizzati anche con la diversità e la ripetitività dell'output. L'utilizzo di questi parametri ti consente di configurare l'output dell'IA in modo che diventi il tuo linguaggio, ad esempio chiacchiere casuali, resoconti formali o codice molto rigido.

4. Ingegneria dei prompt.

È qui che entra in gioco l'ingegneria dei prompt, una delle cose più importanti nel Playground. I buoni prompt danno ottime risposte; migliori sono i prompt, migliore sarà la reazione. Puoi provare diversi modi di formulare le tue richieste e vedere come cambia l'output del modello.

Un riassunto di un libro potrebbe darti qualcosa di diverso rispetto a una "breve panoramica". Puoi anche sbloccare output di IA più accurati e correlati con prompt migliori per le attività, da qualsiasi cosa ai dettagli tecnici, portandoti alla raccomandazione di scrivere codice completo.

5. Codifica e sviluppo interattivi.

All'interno di Playground è integrato il modello Codex di OpenAI, in modo da poter scrivere e provare il codice, ad esempio programmando linguaggi diretti come Python e JavaScript, in questo caso. Questa funzione è utile per coloro che vogliono creare un'applicazione AI o automatizzare le cose. È possibile chiedere a un'IA frammenti di codice, eseguire il debug di un'IA e persino generare programmi completi.

6. Collaborazione in tempo reale.

Playground è un ottimo strumento di collaborazione che consente di condividere le sessioni con altri. Questo viene utilizzato nella funzione di collaborazione in tempo reale di Playground quando si fanno brainstorming con un gruppo, si costruisce un progetto con un amico o si condividono i risultati con il mondo digitale; si rende tutto più fluido e ci si scambia feedback.

7. Documentazione e accesso al supporto.

Il parco giochi offre anche un sussidio per i più curiosi. Se sei il tipo che preferisce andare per conto suo e approfondire l'aspetto tecnico, hai a disposizione la documentazione OpenAI.

Questa include guide utili, tutorial e istruzioni su come ottenere il massimo dalla piattaforma. Poiché OpenAI ha anche una community impegnata nel supporto, può aiutare con la risoluzione dei problemi o per andare oltre.

B. Account Openai e accesso al Playground.

Creare un account OpenAI e accedere al playground non è così difficile come si potrebbe pensare. Che tu sia un vecchio fanatico di tecnologia o un principiante dell'IA, segui questi passaggi e in men che non si dica giocherai con i potenti modelli di OpenAI.

Passaggio 1: creare il tuo account OpenAI.

Ora, il primo passo che devi fare è andare sul sito web di OpenAI.

1. Visita la pagina web di OpenAI: digita openai.com sul tuo browser e premi Invio.

2. Iscriviti → Il primo passo sulla home page è fare clic su una casella di iscrizione. Digita "Iscriviti" per accedere al tuo account esistente; se ne hai uno, accedi con le credenziali di accesso.

3. Inserisci le informazioni richieste: nome, indirizzo e-mail e password. Scegli una password complessa per motivi di sicurezza.

3. Verifica e-mail: dopo aver completato il modulo OpenAI, riceverai un'e-mail. Vai nella posta in arrivo e clicca sul link di verifica per verificare il tuo account.

Bene! Ora hai un account OpenAI e puoi giocare con Playground.

Passo 2: Accedere a Playground.

Dopo aver creato il tuo account e aver effettuato l'accesso, trovare OpenAI Playground è un gioco da ragazzi. Segui questi passaggi per aprire Playground e iniziare a giocare:

1. Login: se non hai già effettuato l'accesso su openai.com, accedi nuovamente con il tuo nuovo account e le tue credenziali.

2. Vai a Playground: da qui, dopo aver effettuato l'accesso, nel menu in alto c'è un link a Playground. Spesso viene chiamato Playground. Cliccaci sopra e verrai indirizzato alla Dashboard di Playground.

3. Imparare l'interfaccia: Il parco giochi è la parte affascinante di tutto. C'è una grande casella di testo al centro. Qui, si inseriscono i prompt. In alto c'è un menu completo per regolare le impostazioni e cambiare il modello.

Fase 3: Comprendere la dashboard.

Appena arrivati nel parco giochi, ci si trova di fronte a una dashboard semplice e ordinata. Vediamo rapidamente le parti che dobbiamo trattare:

1. Casella di richiesta: è lo spazio in cui l'intelligenza artificiale legge le tue istruzioni. Puoi dirle di creare

una storia per te, rispondere alle domande, generare il codice, ecc. o fare qualsiasi cosa tu voglia testare.

2. Selezione del modello: appena sotto la casella di richiesta, avrai la possibilità di selezionare quale modello OpenAI (ad esempio, GPT-3, GPT-4) utilizzare. Puoi usare entrambi i modelli per divertirti, svolgere compiti e scoprire come rispondono a diversi livelli di sofisticazione.

3. Parametri: Di fronte alla casella di richiesta a destra, troverai i parametri di temperatura, i token massimi e altro (modificabili). Queste impostazioni danno all'IA che stai usando la possibilità di muoversi e renderla rapidamente più (o meno) saporita/sucinta/orientata al compito, se necessario.

4. Playground ha esempi e modelli: non avrai bisogno di sapere cosa fare se rimani bloccato o vuoi qualche esempio. Sono ottimi per i nuovi arrivati o per rubare ispirazione.

Fase 4: personalizzare la tua esperienza.

In Playground, una delle cose più interessanti dell'IA del sistema hero è la possibilità di personalizzare i risultati generati dall'IA. Esamineremo alcune impostazioni in cui puoi personalizzare le tue interazioni per adattarle al meglio alle tue esigenze:

• Temperatura: indica quanto l'IA si discosterebbe dal percorso diretto, rendendola più creativa/meno prevedibile. Una temperatura bassa (ad esempio 0,2) produce una risposta più diretta e deterministica, mentre una temperatura alta (ad esempio 0,8) dà luogo a una soluzione relativistica imprevedibile.

• Gettoni: come le macchine possono continuare nella risposta dell'IA. È possibile regolarlo per abbassarlo un po' se si desidera solo una risposta breve, ma se si desidera una spiegazione, aumentare il numero di gettoni.

• Ricarica e penalità di frequenza: questo aiuta a modificare le risposte per un migliore mix di diversità e pertinenza.

Fase 5: esplorare, imparare e sperimentare

Il tuo account è configurato e il playground è attivo, quindi entra! Una delle cose migliori di OpenAI Playground è che è fatto per farti provare le cose. Inizia a digitare i tuoi prompt, modifica le impostazioni e lasciati andare alla creatività. Se rimani bloccato, ci sono molte risorse e modelli per aiutarti.

Ormai dovresti aver configurato tutto nel tuo account OpenAI e avere accesso al Playground.

CAPITOLO 2: MODELLI OPENAI (ES. GPT-3, GPT-4, CODEX)

OpenAI ha creato una famiglia di modelli, ciascuno adatto a scopi diversi. Se sei intelligente, il Playground può aiutarti a ottenere il massimo dai tuoi dati. Se ti piace la scrittura creativa, risolvere problemi tecnici o generare codice, diversi modelli possono aiutarti a migliorare. Esploreremo i tre modelli principali: GPT-3, GPT-4 e Codex.

a. GPT-3: la centrale creativa.

Generative Pre-trained Transformer 3 (GPT-3) è uno dei modelli più famosi e comuni utilizzati da OpenAI. È addestrato su una raccolta di libri, siti web e altri testi di pubblico accesso.

Con i suoi grandi dati di addestramento, GPT-3 può produrre testi generali sorprendentemente buoni per quasi tutte le attività, indipendentemente da quanto tu sia noioso o contorto.

Caratteristiche principali di GPT-3:

• Generazione di testo: la perfezione per la scrittura creativa, la generazione di contenuti e il brainstorming di idee. Se hai bisogno di scrivere un saggio, un sonetto o un concept per un'altra impresa, GPT-3 è la soluzione!

• IA conversazionale: è fantastica anche per i chatbot, poiché la conversazione è naturale. Con questo modello, puoi parlare di una vasta gamma di argomenti in modo autentico.

• Flessibilità: con 175 miliardi di parametri (la memoria del modello), GPT-3 è in grado di modificare il proprio output per adattarsi a più toni, stili o istruzioni. Può essere utilizzato per attività formali e per scrivere in modo non serio in uno stile dal vivo.

Il GPT-3 è sorprendente, ma può avere dei difetti. A volte può produrre risultati che suonano un po' ripetitivi o fraintendere un argomento molto di nicchia (anche se fortunatamente non al punto da essere distintivo). È qui che entra in gioco il GPT-4.

b. GPT-4: la sofisticazione continua.

Oltre a ciò che può fare GPT-3, GPT-4 migliora ulteriormente e sviluppa la comprensione generale. A differenza di GPT-3 (175 miliardi di parametri), GPT-4 è un modello ancora più pesante, che lo rende più affidabile e generico per compiti più difficili.

Caratteristiche principali di GPT-4.

Migliore comprensione: GPT-4 conosce in modo approfondito molti argomenti più sofisticati e istruzioni esplicite. È molto più bravo a contestualizzare le conversazioni più lunghe o le attività in più fasi ed è un chiaro vincitore nelle applicazioni che richiedono una comprensione davvero approfondita.

Corretto e affidabile: Commetterà meno errori e darà risposte più appropriate, soprattutto su aree specifiche, domini o discussioni controverse. GPT-4 ha più ragione di te nella misura in cui segue meglio una discussione, sia che si tratti di scienza antica o di filosofia.

• Maggiore originalità: GPT-4 si integra anche con lavori creativi come narrazione, poesie e contenuti tecnici. Ha capacità di ragionamento sofisticate tali da poter essere più creativo con risultati più vari.

Il livello aggiunto di sofisticazione si traduce semplicemente nel fatto che GPT-4 è lo strumento preferito quando è necessaria maggiore accuratezza o una conoscenza altamente specifica. La stessa accuratezza e, cosa più importante, la precisione sono utili per applicazioni aziendali, contenuti educativi, scrittura professionale, ecc.

c. Codex: l'esperto di codifica.

Stiamo parlando di GPT in modelli linguistici generali... GPT-3 e GPT-4. L'azienda ha anche creato un modello Codex per i modelli linguistici relativi alla programmazione. È possibile completare attività che richiedono un po' di programmazione.

Basato sull'architettura di GPT-3, Codex è programmato in modo intelligente per comprendere e codificare in diversi linguaggi di programmazione.

Caratteristiche principali di Codex:

• Generazione di codice: puoi chiedere a Codex di generare frammenti di codice, funzioni o intere applicazioni da un linguaggio naturale. Se vuoi creare un'applicazione web o uno script Python o automatizzare qualcosa con l'aiuto di uno strumento di automazione, segui le istruzioni dal cervello alla base di codice perché c'è Codex.

• Supporto multilingue: Codex è codificato da una persona che può leggere o scrivere codice in molti linguaggi di programmazione (Python, JS, Java, Ruby/e altri) rispettivamente. Questo lo rende super poliglotta per gli sviluppatori che lavorano su due o più piattaforme diverse.

• Debug del codice: Codex può aiutarci nell'analisi. Vi dirà dove va storto, anche se il codice è rotto o se volete solo sapere se il vostro input può produrre l'output desiderato con alcuni messaggi di errore. Può far risparmiare molto tempo agli sviluppatori, soprattutto quando si tratta di eseguire il debug di cose complesse.

Codex è strabiliante, ma è l'ideale per chi ha già qualche nozione di programmazione. Può rendere il processo di sviluppo più efficiente, anche se potrebbe essere necessario l'intervento umano per verificare che il codice funzioni come dovrebbe.

Scegliere il modello giusto per te.

Utilizzando i modelli di OpenAI per la prima volta, è facile non sapere quale utilizzare per ogni attività. Rilassati! Conoscere i pregi e i difetti dei modelli ti aiuterà a prendere decisioni più facilmente e a ottenere risultati in pochissimo tempo. Quindi, come si seleziona il modello adatto al proprio compito?

1. Scrittura creativa e generazione di contenuti: scegliete GPT-3 o GPT-4.

Se il vostro compito è scrivere un testo, che si tratti di un post sul blog, di una prosa o di una didascalia per i social media, GPT-3 e soprattutto GPT-4 sono la scelta giusta. Questi modelli vengono alimentati con un'enorme quantità di testo e sono eccellenti nel creare un linguaggio simile a quello umano.

Se vuoi scrivere contenuti di ampio respiro [GPT-3], puoi usarlo per generare concetti, creare post per il blog e persino creare dialoghi stimolanti per una sceneggiatura. GPT-3: eccellente per qualsiasi cosa che vada oltre i dettagli tecnici pesanti o la comprensione profonda.

GPT -4 per maggiori dettagli/complessità, se necessario. Questo è molto utile quando si scrive qualcosa che non richiede molta profondità e sfumature, ma anche in questo caso, cercherei di evitare di scrivere tutto al livello più basso possibile.

Entrambi i modelli andranno bene per compiti più creativi o di precisione, come la poesia o la narrazione, ma GPT-4 è probabilmente più ricco e vario, il che lo rende più adatto alla scrittura complessa o di alto livello.

2. Compiti di codifica e programmazione: scegli Codex

Per compiti di programmazione come la scrittura di codice (se necessario), il debug o la creazione di un modello software, Codex è il modello giusto. Codex (modello dedicato alla programmazione e addestrato a comprendere il linguaggio naturale sulle metafore di programmazione; può essere utilizzato per la generazione di codice)

• Generazione di codice: Codex è incredibile nel prendere un concetto a bassa fedeltà e scriverlo completamente in codice funzionante. Chiedi a Codex di creare una funzione in Python o un'applicazione web e riceverai un blocco di codice in pochi secondi.

• Debug degli errori: se ti trovi di fronte a un errore nel tuo codice, Codex ti viene in aiuto. Dovrai solo indicargli il problema con il pezzo di codice su cui sei bloccato e Codex ti fornirà le correzioni per aiutarti a risolvere il problema.

Codex è perfetto per gli sviluppatori, sia che si tratti di principianti che vogliono automatizzare cose banali, sia che si tratti di programmatori esperti che si trovano di fronte a un ostacolo nel loro capolavoro. In ogni caso, Codex dà i migliori risultati se si conoscono un po' di nozioni di programmazione, in quanto vi farà credere di essere una persona tecnica.

3. Gestione di argomenti complessi o specializzati: utilizzare GPT-4.

GPT-4 è il metodo di task che richiede una profonda conoscenza del dominio o dati complicati. Migliora GPT-3 nell'analizzare lunghe catene di istruzioni complesse e può gestire punti dati ricchi.

• Specializzato: GPT-4 può offrire contenuti accurati e contestualizzati su scienza, medicina o settori tecnici ristretti all'avanguardia, dalla biotecnologia alla cibernetica. È eccellente per materiali didattici e di ricerca o per spiegare concetti difficili in modo semplice.

• Consulenza e brainstorming: GPT-4 è uno dei migliori per progetti complessi e brainstorming di idee. La teoria dei grafi è una nozione matematica di facile comprensione, ma per progetti complessi. GPT può aiutarti a progettare un piano in più fasi, a produrre driver importanti o a cercare dettagli di problemi che GPT-3 affronterà.

Per attività che richiedono accuratezza o precisione, soprattutto in ambito professionale o accademico, il modello giusto è GPT-4. Ottimo quando si vuole migliorare la scrittura (livello alto, medio, tecnico)

4. IA conversazionale e assistenza clienti: GPT-3 o GPT-4.

GPT-3 e GPT-4 sono ottimi con l'IA conversazionale, sia per i chatbot, sia per gli assistenti dell'assistenza clienti o per gli help desk virtuali. GPT-3 è adatto per gestire le richieste medie e le conversazioni semplici, mentre GPT-4 eccelle nelle conversazioni più lunghe o nella risoluzione di problemi più complessi.

• GPT-3 funziona per interazioni semplici, in cui l'IA deve rispondere alle domande frequenti o indirizzare gli utenti alla documentazione pertinente. Funziona molto bene anche negli script di assistenza clienti e nelle risposte rapide.

• Altrimenti, una conversazione più articolata o personalizzata richiede GPT-4 (cioè, l'IA interpreta gli input dell'utente in tempo reale, fornisce consigli articolati e un dialogo più lungo).

5. Per tutto il resto: inizia con GPT-3 e sperimenta.

In caso di dubbio, GPT-3 è un buon modello di riferimento. È versatile, facile da usare e può essere utilizzato in molti settori. Se stai usando GPT-3 per produrre testo, rispondere a domande o automatizzare un processo, ehi, amico, lo fa a modo suo.

Man mano che prendi confidenza con Playground, prova diversi lavori per vedere se GPT-4 vale la pena o se Codex è uno strumento per armi specializzate.

La scelta del modello per il tuo compito si riduce a sapere in cosa eccelle ciascun modello. La generazione di contenuti è il campo in cui GPT-3 si inserisce, mentre GPT-4 è la tua scienza dei contenuti delle competenze trasversali, mentre Codex è il maestro della programmazione. Scegliendo il modello adatto al tuo caso d'uso particolare, puoi sfruttare lo stack tecnologico di OpenAI e fare ciò che ti sei prefissato per conquistare il mondo.

CAPITOLO 3: COME SPERIMENTARE CON I MODELLI NEL PARCO GIOCHI.

OpenAI Playground è un posto meraviglioso per fare un po' di casino e provare a armeggiare con diversi modelli di IA. Che tu sia un principiante o abbia già una certa esperienza nell'uso, è un'esperienza piuttosto piacevole e liberatoria giocare con questi modelli e vedere quanto possono fare. È esattamente quello che ti guiderò a fare e perché è un inizio fantastico per scatenare la magia dell'IA.

1. Scegli il tuo modello.

Come discusso in precedenza, il tuo viaggio sperimentale inizia con la decisione su quale modello utilizzare in seguito. Playground ti consente di selezionare diversi modelli, ad esempio GPT-3, GPT-4 e Codex, tutti in un unico posto. Ognuno ha le sue caratteristiche, per questo devi scegliere l'attività:

• GPT-3: ideale per la scrittura creativa, la generazione di testi generici e le conversazioni informali

• GPT-4 per attività che richiedono maggiore specificità e chiarezza concettuale, ovvero per attività di ordine superiore come redazione di testi tecnici o istruzioni

• LLM (Codex) entra di nuovo in gioco in quanto genera un codice perfetto per qualsiasi attività di programmazione.

Ora che hai scelto il tuo modello, mettiamoci al lavoro e lasciamo che faccia il suo dovere!

2. Imposta i tuoi parametri.

Dopodiché, personalizzerai il tuo calvario passando attraverso i parametri. Questo regola i parametri fino a quando non controlli il comportamento del modello, il che è importante per ottenere ciò che desideri.

• Temperatura: questa regolazione influenza la creatività e le risposte casuali che il modello stesso mi darà. Aumentando la temperatura (da 0,8 a 1) il modello risponde in modo più originale e folle.

Riducendola ulteriormente (più vicino a 0) le risposte del modello si restringono e diventano più deterministiche. Sperimenta con questo per notare un cambiamento nel tono e nella creatività del modello.

• Max tokens: la lunghezza massima della risposta che il modello produrrà. Modifica questa impostazione se desideri una risposta più lunga e dettagliata. Può essere inferiore se desideri una risposta breve e chiara.

• Top P (nucleus sampling): controlla la diversità della risposta limitando le possibili risposte emesse. Vale a dire che un valore più alto (ad esempio 0,9) offre al modello più opzioni tra cui scegliere e produce una risposta più varia, mentre un numero più basso lo fa optare per la parola successiva più probabile dal contesto.

Gioca con queste impostazioni per vedere come il modello sforna risposte e vedere se riesci ad avvicinarti a ciò che si adatta al tuo caso d'uso.

3. Prova diversi prompt.

Uno dei modi più divertenti per sperimentare ciò di cui è capace un modello è giocare con i prompt. Un prompt è semplicemente l'incollare le informazioni che si stanno per fornire al modello in modo che possa dare una risposta. Quando il prompt è più specifico e dettagliato, l'output sarà più mirato e accurato. Inizia con un problema semplice e poi rendilo difficile.

• Prompt facili: inizia a porre domande semplici al modello, come "Qual è la capitale della Francia?" o "Raccontami una barzelletta". Questo ti aiuterà a capire come il modello fornisce le risposte.

• Prompt creativi: scrivi prompt più creativi, come "Crea una storia di un drago che cucina". Fagli scrivere uno slogan di marketing stravagante per un nuovo prodotto ecologico. Il modello è incredibilmente creativo nel generare idee ed esprimere quella creatività!!!

• Esempi tecnici: se si utilizza Codex o GPT-4, è possibile testare anche con prompt tecnici. Ad esempio, "Scrivi uno script Python per ordinare l'elenco di numeri" o "Dammi una semplice definizione possibile per la fisica quantistica".

Il modello produrrà un testo paragonabile in termini di difficoltà al prompt. Più si gioca con i diversi prompt, più si imparerà come e cosa utilizzare per il proprio caso d'uso.

4. Rivedere e modificare le risposte.

Dopo aver generato la risposta, controlla quanto bene ha funzionato il modello. Ok, ok. La risposta era quella che volevi. Era unica o sufficiente dal punto di vista grafico/numerico?

Non aver paura di rielaborare la tua domanda o di modificarne il resto se la risposta non è del tutto corretta. Potrebbe essere necessario elaborare le istruzioni, fornire maggiori informazioni o modificare le impostazioni nell'architettura del modello per una risposta più accurata o creativa.

5. Migliora il tuo controllo con i messaggi di sistema.

Puoi utilizzare i messaggi di sistema (OpenAI Playground) per istruire l'IA su come comportarsi. Questi sono i comandi. Dai al modello questi comandi prima che inizi a generare qualsiasi risposta.

Ad esempio, potresti prescrivere il tono della conversazione e incanalare tutto in un'unica risposta formale o ordinare a un modello di agire come un certo personaggio. I messaggi di sistema possono guidarti nella giusta direzione per ottenere qualsiasi tipo di risposta tu abbia bisogno, che sia seria, rilassata o divertente.

6. Salva e condividi i tuoi esperimenti.

Mentre provi le cose, ricordati di salvare costantemente! Il Playground ti permette di creare e salvare i tuoi esperimenti e condividerli con altri utenti. Questo è particolarmente utile quando hai intenzione di dare un'occhiata ai tuoi esperimenti in un secondo momento o mostrare i tuoi risultati ad amici o colleghi.

Il Playground è un buon strumento di empowerment che ti permette di giocare con ciò che l'IA può fare in modo semplice, trasparente e divertente. Che tu stia solo giocando per divertirti, cercando di capire come scrivere un prompt migliore o facendo ricette più complicate, puoi dare sfogo alla tua creatività e vedere come funzionano i modelli di OpenAI in diversi modi.

Imparerai a giocare con i diversi prompt, a mettere a punto tutto modificando ed esplorando i modelli in un intervallo, per poi iniziare lentamente a interagire e prendere confidenza e familiarità con l'enorme potenziale dell'IA.

CAPITOLO 4: PERSONALIZZARE LA PROPRIA ESPERIENZA CON PROMPT ENGINEERING.

La prompt engineering è diventata essenziale quando si utilizzano modelli di IA come i Transformers di Hugging Face (GPT-3, GPT-4). In poche parole, un prompt è la chiave per sbloccare tutta la potenza dell'IA.

Se vuoi scrivere contenuti, rispondere a domande o programmare, ottenere il prompt è metà della battaglia per quanto riguarda quanto lontano ti porteranno queste cose. Questo capitolo analizzerà le basi per iniziare.

Cos'è la prompt engineering?

In parole povere, l'ingegneria dei prompt consiste nel creare input (prompt) sui quali l'IA lavora come se dovesse produrre i migliori output possibili. Questo si riduce a sapere come interagire con il modello, come porre tali domande e a cosa dare contesto in modo che il modello possa rispondere a ciò di cui abbiamo bisogno. Migliore è il prompt, più precisa sarà la quantità di risposte pertinenti e utili che l'IA fornirà.

Perché è importante?

I modelli di Open AI sono molto potenti, ma non sanno nulla se non glielo mostri tramite i tuoi comandi. Con un prompt scadente, potresti ricevere risposte vaghe, inutili o errate dal modello. L'ingegneria dei prompt serve a moderare il modo in cui interagisci con il modello per ottenere i risultati desiderati.

Esercitandoti nell'ingegneria dei prompt, otterrai:

• Risposte più mirate, precise e migliori

• Risparmio di tempo grazie al minor numero di "follow-up" necessari

• Aumentare la capacità creativa dell'IA per cose come la scrittura, il brainstorming o la produzione di idee.

Elementi chiave di un buon prompt.

Ricorda alcune cose quando scrivi il tuo prompt se vuoi che il modello linguistico fornisca i migliori risultati.

1. Delinealo: cosa desideri esattamente? Delinea prompt vaghi e indefiniti come "Dimmi qualcosa di interessante". Questo risultato, in generale, risponde a ciò che puoi incontrare specificando i tuoi desideri: "Discutere un fatto interessante sull'esplorazione dello spazio".

2. Contesto: Fornisci il contesto per consentire al modello di sapere cosa ci si aspetta da lui. Quindi, quando chiedi al modello di scrivere una storia, sarà molto meglio se gli dici il genere o alcuni personaggi in mente, come "Scrivi una storia emozionante basata su astronauti e pianeti". Ad esempio, potresti dire cose come: "Crea una storia di fantascienza lunga 30 secondi su un giovane astronauta che trova un nuovo pianeta".

3. Prototipo: istruisci esplicitamente il modello del risultato desiderato. Se, ad esempio, hai bisogno di un elenco di idee, chiedilo in formato elenco: "Scrivi cinque modi per aumentare la consapevolezza della

mia nuova app". Indicare esplicitamente il formato richiesto assicura che il modello persista e dia come risultato il formato desiderato.

4. Tono e stile: basta dire quello che si vuole, ad esempio, formale o informale, o anche specificare il tipo di tono (la risposta dovrebbe essere informale ma divertente, ecc.). Una leggera modifica come "Scrivi questo in uno stile di scrittura informale" o "Fornisci questo in modo formale" potrebbe essere essenziale

5. Vincoli: Altre volte, potresti preferire che il tuo modello si comporti secondo alcuni vincoli. Puoi dire, ad esempio, limite di parole o chiedere un riassunto: "Punti chiave in 100 parole o meno" o "in 3 frasi".

Esempi di buoni e cattivi suggerimenti

Per dimostrare una semplice nozione di come sono i buoni suggerimenti in contrasto con quelli non così buoni:

Esempio 1:

Suggerimento sbagliato: "Parlami di storia".

È troppo vago e potrebbe portare a una risposta molto generica.

Suggerimento corretto: "Scrivi una breve descrizione di 150 parole della guerra civile americana".

È esplicito e definito con una descrizione della lunghezza rispetto all'argomento.

Un altro esempio:

• Suggerimento sbagliato: "Scrivi una poesia".

Non ha un obiettivo e probabilmente sarà una poesia generica e poco focalizzata.

• Suggerimento valido: Scrivi una poesia in rima sul tema della bellezza della natura con foresta e fiume

Ora, il modello sa quale area, tipo ed elementi sono necessari per la risposta su misura.

Sperimenta e perfeziona.

Quello che amo dell'ingegneria dei prompt è che è un processo di apprendimento attraverso l'errore. Più si pasticcia con prompt unici, più si capisce cosa piace/non piace al modello con istruzioni diverse. Non essere timido nel ripulire i tuoi suggerimenti, cambiare la consegna o elaborare ulteriormente. Il modello non ti ha dato ciò di cui avevi bisogno, quindi cambia il tuo suggerimento e parti da lì.

Suggerimenti per il perfezionamento.

1. Suggerimenti "RUOLO": chiedi al modello di interpretare un ruolo, che verrà riprodotto in uno stile colloquiale. Ad esempio, "Sei un personal trainer", ovvero crea un piano di allenamento per un principiante.

2. Catena di pensiero: quando il modello deve pensare per fasi, usa un suggerimento per chiedergli di ragionare (ad esempio, "Come risolvi un problema matematico? Un passo alla volta").

3. Usa più suggerimenti: potresti aver bisogno di una serie di suggerimenti per i compiti più complessi. Puoi aggiungere domande di follow-up che espandono le risposte precedenti e portano a una risposta migliore basandosi su ciò che è stato detto.

Il prompt engineering è uno strumento brillante da utilizzare, in modo da poter sfruttare la forza dei modelli OpenAI. Il prompt engineering apre le porte a un universo di creatività, risoluzione dei problemi o automazione che puoi sbloccare con prompt concisi ma significativi e contestualizzati. Dovresti provare i tuoi prompt in modo diverso, vedere i risultati e dare all'IA una catena per fare le stesse cose che fai tu.

CAPITOLO 5: PARAMETRI CHE INFLUENZANO L'USCITA (TEMPERATURA, Gettoni MAX, ECC.)

Quando si utilizzano modelli OpenAI come GPT-3 o GPT-4, ciò che si riceve come output si basa sul prompt e su un risultato fortemente influenzato da alcuni dei seguenti parametri chiave: gli output.

La temperatura e i token massimi (top_p, ecc.) sono solo tra tutti gli altri parametri che influenzano il modo in cui questo modello (o qualsiasi stato passato o presente di GPT) risponderà, quindi ti danno manopole su stile, creatività e lunghezza. Imparare questi parametri ti aiuterà a migliorare i risultati più in linea con le tue esigenze.

1. Temperatura.

I parametri di temperatura controllano la capacità di sviluppo e la scalabilità della risposta di questa istanza del modello. È compresa tra 0 e 1.

• Bassa temperatura (0,0-0,3): riducendo la temperatura, il modello entra in modalità deterministica. Selezionerà la parola successiva con la più alta probabilità nel contesto. È adatto a generare risposte fattuali, accurate o che richiedono l'inserimento di un numero, ad esempio rispondendo a domande e creando contenuti (ad esempio ipotesi)

• Alta temperatura (0,7-1,0): Quando la temperatura è alta, il modello diventa creativo (e meno esigente, riducendo la possibilità di scegliere quelle risposte meravigliose, meno probabili e semanticamente più diverse). Questo è utile per inventare storie, lanciare un'idea o quando si desidera veramente una nuova prospettiva.

Ad esempio, se si richiede la descrizione del prodotto, una temperatura più bassa fornirebbe una descrizione più diretta e professionale. Tuttavia, per qualcosa di più creativo e divertente, una temperatura più alta fornirebbe qualcosa di più fantasioso.

2. Gettoni massimi.

I gettoni massimi indicano quanti gettoni (parole, parti di parole o punteggiatura) sono consentiti per una risposta da questo modello. I gettoni possono essere brevi come parole (ad esempio, a) o parole multiple, ad esempio, conversazione.

• Gettoni massimi più brevi: l'output sarà breve limitando i gettoni massimi (50 o meno). Perfetto per: si desidera solo una risposta concisa o un'astrazione.

• Max token più alti: il modello può costruire risposte più complesse ed elaborate se si definiscono token massimi più alti (500 o più). Utilizzato per la scrittura di saggi, contenuti di lunga durata o spiegazioni espressive.

Ricordate, il modello si fermerà al limite massimo di token (prompt + completamento); configurate! Se volete una risposta testuale lunga, date un limite adeguato!

3. Top_p (Nucleus Sampling)

Top_p è una forma diversa per limitare la diversità nella risposta del modello. Invece di campionare liberamente da tutte le possibilità, top_p limita la selezione alle parole più probabili, ma introduce comunque l'imprevedibilità.

• Low Top_p [0,1-0,3]: con un'impostazione più bassa per top-p, parte del modello si concentra solo sui risultati più probabili, rendendo le sue risposte più prevedibili, mirate e conservative.

• Top_p alto (0,5-1): un top_p più alto consente una risposta più diversificata e creativa. Il modello ha più opzioni tra cui scegliere, producendo così output vari.

Uno dei vantaggi di top_p è che funziona con la temperatura per regolare quanto conversazionale o stereotipato si desidera dalle risposte. Per una quantità equilibrata di creatività senza esagerare con la casualità, top_p è quello che fa per te.

4. Penalità di frequenza.

Penalità di frequenza: influisce sulla facilità con cui il modello pensa che altre parole verranno ripetute nella stessa risposta. Questi parametri possono essere compresi tra 0 e 2.

• Penalità di bassa frequenza (0,0 - 0,5): il modello tende a ripetere le parole, quindi questa impostazione consente la ripetizione delle parole, che potrebbe essere utile se si genera qualcosa in cui la ripetizione funziona (ad esempio, strutture poetiche o versi nella musica).

• Alta frequenza (1,0-2,0): questo parametro penalizzerà il modello dal ripetere parole o frasi. Perfetto quando hai bisogno di varietà nelle risposte, introduci un leggero elemento di casualità per non spaventare tutto l'output, in particolare quando gli output sono più lunghi.

Usa una penalità di frequenza più alta per assicurarti che il modello non riutilizzi una parola, ma piuttosto la cambi un po' con qualcosa di nuovo quando genera la scrittura.

5. Penalità di presenza.

Penalità di presenza: funziona in modo simile alla penalità di frequenza, che spinge il modello a generare parole o idee diverse, ma evita invece di sovraccaricare con argomenti o argomenti ripetuti. Anche questo va da 0 a 2.

• Penalità di presenza bassa (0,0-0,5): il modello darà più risultati con il prompt iniziale e non andrà molto avanti.

• Penalità per presenza elevata (1,0-2,0): questa impostazione attiva l'esplorazione di nuovi argomenti e idee. È utile se si desidera che il modello produca contenuti più vari o si vuole evitare che cada immediatamente in uno spazio.

6. Sequenze di arresto.

Interrompi le sequenze in modo da poter dire al modello di smettere di produrre testo. Quest'ultimo è eccellente per le risposte che vogliono una frase o una parola finita per segnare la fine (cioè, all'interno di un contenuto strutturato in dialogo). È possibile impostare una (o più) sequenze di arresto per garantire che il modello non deragli completamente.

Ad esempio, se stavi creando una storia, potresti scrivere una sequenza di arresto, qualcosa come "Fine", nel caso in cui questa storia duri tutta la notte.

Una volta che questi parametri influenzano i risultati del modello, puoi modellare le tue risposte per adottare una mentalità diversa. Che tu stia creando una narrazione creativa, risposte brevi o una scrittura tecnica, modificando la temperatura del token e i parametri top_p puoi modificare il comportamento dell'IA. Divertiti con tutte queste impostazioni e scopri

cosa funziona per te quando utilizzi i modelli OpenAI.
Più ci provi, più li sbloccherai tutti.

CAPITOLO 6: CREARE CHIAMATE PERSONALIZZATE PER RISULTATI SPECIFICI.

Con i modelli OpenAI come GPT-3 o GPT-4, il trucco per ottenere la risposta perfetta è principalmente quello di inserire i propri prompt personalizzati.

Input prompt personalizzato: un input personalizzato che dice al modello di generare un output nella forma desiderata.

Imparare a creare prompt personalizzati aumenterà esponenzialmente il valore dei risultati, indipendentemente da come si creano i contenuti (senza giochi di parole), si trova una soluzione o si hanno esigenze specifiche.

Con OpenAI, puoi rispondere e personalizzare il tuo testo in base a QUELLO che chiedi (il potere del contesto e delle istruzioni). Puoi mettere a punto i tuoi prompt per indirizzare il modello a svolgere determinati compiti, caratterizzare le voci o scrivere in più stili o formati. Quindi, ecco come creare un prompt personalizzato per i risultati richiesti.

1. Sii chiaro e conciso.

Il primo passo nella creazione di un prompt è definire esattamente ciò che si desidera. Prompt generici = risultati generici, quindi sii il più specifico possibile o il compito/risultato che stai cercando di ottenere. Il modo per mostrare a un modello l'elenco esatto delle idee per i post del blog sul fitness è un prompt abbastanza semplice: "Pensa a idee per il blog sul fitness", ma con il contesto, può migliorare.

Invece, "Fornisci 1/10 idee uniche per argomenti di post sul fitness (adatti ai principianti, allenamento della forza, alimentazione sana, ecc.)" Questo è molto più esplicito e diretto e dà al modello un'idea di qualcosa di più mirato e correlato.

2. Aspettative sul formato di output.

Uno degli altri componenti chiave delle istruzioni personalizzate è dire al modello come vorresti che fosse strutturata la risposta. Che tu stia cercando un elenco puntato, un riassunto o un saggio completo, dare una piccola spinta in quella direzione al modello migliorerà notevolmente i risultati che otterrai.

Ad esempio, per la descrizione di un prodotto: "Creami una panoramica di 150 parole su un tappetino da yoga sostenibile (è fatto di materiali ecologici e la sua caratteristica di durata è dinamite). Questo è preciso per il tipo (descrizione), il numero di parole (150) e il focus (verde, durevole-durevole).

Puoi dire: "Scrivi un dialogo sui loro piani di viaggio tra due amici. Un amico è super entusiasta, mentre l'altro è preoccupato per la scrittura creativa/lavoro di dialogo.

3. Tono | Adatta il tuo stile.

Il tono e lo stile del risultato sono tutto. A volte, potresti desiderare una risposta più formale e professionale, altre volte potresti desiderare qualcosa di più informale o divertente. Sintonizzare il tono può essere semplice come aggiungere qualche parola al tuo prompt.

Puoi persino modificare il tono con questo:

"Scrivi un'e-mail professionale al tuo cliente con oggetto "Promemoria per il ringraziamento dell'acquisto" e chiedi se è necessario.

• ClickBait promozionale / Sapore di gelato "appena lanciato": "tweenty yanda twittah"

• Argomenta a favore di uno studente universitario laureato.

Tenendo presente il livello di tono, che dovrebbe essere formale, amichevole, divertente o motivazionale, il modello può adattare la risposta alle tue esigenze.

4. Inserisci alcuni suggerimenti o vincoli.

Questo porta a vincolare il modello ed eliminare le parti inutili dal risultato. Ad esempio, se vuoi evitare che il tuo modello ripeta certe parole d'ora in poi per enfatizzare temi particolari o essere vincolato solo nella lunghezza, allora quei dettagli danno al modello un'idea di cosa focalizzare.

Ad esempio:

• "Scrivi un op di 200 parole su come camminare ogni giorno non è un esercizio, ma è abbastanza buono".

• Sviluppare un processo di aumento della produttività in 5 fasi, ciascuna fino a 50 parole.

Questi vincoli aggiuntivi dovrebbero finalmente darti il risultato più pertinente e mirato. Puoi fornire ulteriori istruzioni come "usa tre punti elenco" e "scrivi in modo positivo".

5. Usa suggerimenti basati sul ruolo.

Una tecnica per generare suggerimenti personalizzati è assegnare un modello a un ruolo particolare. Questo aiuterà l'IA a pensare e scrivere come avrebbe dovuto fare un esperto nel suo campo. Potresti chiedere al modello di operare come un "nutrizionista" in questo scenario o come un tutor quando hai bisogno di qualche consiglio educativo e come un consulente aziendale in caso contrario.

Esempi:

• (Come chef professionista) Creare per me una ricetta per una cena vegana con più di 30 verdure.

• Come stratega CRM, scrivere il progetto per migliorare la collaborazione di squadra in un ambiente virtuale.

Questo metodo aiuta a produrre risposte più cortesi e appropriate per garantire che il modello fornisca ciò che ci si aspettava.

6. Perfezionare e sperimentare.

Procederemo per tentativi, creando prompt personalizzati. Potresti non ottenere sempre ciò che desideri la prima volta, ma non stai facendo nulla di sbagliato! Una volta che avrai visto cosa ha prodotto il modello, pensa ai miglioramenti da apportare. Contesto? Più indicazioni? Altrimenti, ha un'atmosfera diversa!

Ad esempio, quando richiedi una descrizione vaga del prodotto, modifica il prompt aggiungendo informazioni più specifiche sul prodotto.

•Caratteristiche specifiche, ad esempio chi utilizzerà questa app o un confronto con i concorrenti.

Dopotutto, ogni volta che provi cose diverse, il tuo modello si rende conto di come reagisce a determinati input. Se stai inventando storie, lavorando su problemi o escogitando nuove idee, i prompt personalizzati ti consentono di controllare il risultato che stai ottenendo. Inizia in modo rudimentale, sii diretto e migliora i tuoi prompt nel tempo, e inizierai a produrre ciò di cui hai bisogno più velocemente e meglio.

CAPITOLO 7: GPT-3 E GPT-4 NELL'ARTE DELLA GENERAZIONE DI TESTO.

In sostanza, GPT-3 (Generative Pretrained Transformer 3) e, allo stesso modo, GPT-4 erano (e sono tuttora) i supermodelli originali generati da OpenAI in una serie incredibile di modelli.

Questi modelli specializzati dovrebbero essere in grado di comprendere e generare testo simile a quello umano in base a ciò che è stato inserito in essi. Rispondono a domande, scrivono saggi, generano storie da parole a un mucchio di stronzate, ma hanno anche conversazioni su argomenti difficili.

1. Scala e dimensioni.

GPT-3 e GPT-4 sono tali su larga scala. Prendiamo, ad esempio, GPT-3, che ha 175 miliardi di parametri: è probabilmente il più grande modello di IA esistente. Queste sono le configurazioni interne che il modello apprende. Allo stesso tempo, allenarsi e averne di più di solito porta a schemi più elevati nella comprensione della potenza di un modello e nella produzione di output più accurati.

GPT-4 fa quindi un ulteriore passo avanti e ha più parametri su tutti i fronti, il che si traduce in un senso ancora migliore di sottigliezza e sfumatura e nella capacità di gestire anche compiti complessi. La scala massiccia, a sua volta, consente loro di memorizzare più contesto su una porzione di testo più significativa (10.000 parole) e di produrre risposte elaborate che aggiungono un livello di sofisticazione.

Una di queste scale è il motivo per cui il testo è una lezione di naturalezza e organicità a questi livelli di modello (almeno per ciò che possono fare).

2. Comprensione contestuale.

Profondamente nel contesto, a differenza dei precedenti modelli di IA, che utilizzano la corrispondenza di parole chiave o semplicemente il riconoscimento di schemi riga per riga con GPT-3, e accidenti, GPT-4, sul serio. Quindi non prendono in considerazione solo le ultime parole che hai scritto o l'input più recente, ma TUTTO IL CONTESTO della conversazione/del prompt. Questo permette loro di dare risposte più pertinenti e collegate, possibilmente anche per compiti complicati o a più fasi.

Supponiamo che tu faccia a GPT-3 e GPT-4 una domanda che richiede loro di ricordare qualcosa di precedente in quella conversazione, in modo che possano seguire il contesto e aggiornare quella conoscenza in ciò che dicono. La capacità di "ricordare" e di utilizzare il contesto rende il parlare con questi modelli più fluido rispetto ai semplici risultati di ricerca, e la differenza appare nel modo in cui interagiscono.

3. Flessibili e adattabili.

GPT-3 e GPT-4 fanno anche una delle cose migliori: offrono una notevole flessibilità. Questi modelli sono bravi a svolgere qualsiasi compito gli si affidi senza dover essere addestrati da zero. Possono fare molto, dalla scrittura di saggi e storie alla risoluzione di problemi matematici o di codifica.

Il modo in cui vengono addestrati conferisce loro questa flessibilità. GPT-3 e GPT-4 sono pre-addestrati su grandi quantità di dati testuali estratti da Internet, inclusi libri, siti e testi in generale.

La loro esposizione generale assicura che possano scrivere su quasi tutto, che si tratti di scienza/arte/storia/tecnologia, ecc., rendendoli molto generici. Non sono addestrati per ogni compito; devono essere alimentati con nuovi input e produrre output in fase.

4. Generazione di testo simile a quello umano.

Tuttavia, la parte più impressionante di GPT-3 e GPT-4 è il modo in cui possono produrre un testo quasi umano. I modelli non sono semplici "sputafuori" di frasi o di frasi che seguono uno schema specifico.

Hanno una conoscenza relativamente avanzata del flusso, della cadenza e dell'uso del linguaggio. Questi modelli possono generare risposte che favoriscono il tono e lo stile che si desidera richiedere, sia che si tratti formalmente di una lettera commerciale, di un post di un blog scritto male o di una breve storia che scorre in modo creativo.

La proprietà del modello dell'architettura del trasformatore consente loro di guardare avanti di una buona distanza nel testo. Il primo può aiutare con concetti ancora più intricati di parole, frasi e frasi che vengono insegnate da loro. Così, porta a un testo che non è solo corretto e sintattico, ma anche avvincente e riconoscibile.

5. Regolazione e personalizzazione degli iperparametri.

GPT-3 e GPT-4 sono decisamente intuitivi nelle loro capacità generali, ma sono anche addestrati in modo sufficientemente generico da poter essere perfezionati o personalizzati per molte cose.

Ad esempio, supponiamo che tu stia affrontando un progetto specifico, come documenti legali o testi medici. In tal caso, puoi perfezionare il modello per renderlo più simile al linguaggio e al vocabolario utilizzati in quei campi.

Con la personalizzazione consentita, questi modelli sono ancora più potenti, il che implica la facilità di soddisfare requisiti atomici rigorosi pur mantenendo la loro essenza principale di generazione di testo generale. Questa flessibilità significa che è possibile utilizzare GPT-3 e GPT-4 per qualsiasi cosa, dall'aiuto alla scrittura ladder a compiti professionali specifici di un settore.

6. Apprendimento attivo e iterazione.

GPT-3 e GPT-4 possono rivedere le loro risposte in base a ciò che ottengono in sequenza dall'input. In altre parole, è possibile interagire con il modello per ottenere un output migliore.

Quindi, la risposta che è uscita dal modello può essere abbastanza lontana da ciò che si voleva: si può riformulare o perfezionare l'istruzione e il modello rifarà il suo lavoro. Questo apprendimento dinamico e interattivo consente a questi modelli di essere estremamente utili per gli utenti che vogliono testare gli input per vedere se traboccano o muoiono.

Nel complesso, GPT-3 e GPT-4 si differenziano per scalabilità, capacità di comprensione del contesto, versatilità e generazione di testo simile a quello umano. Questi modelli non sono solo azione: possono conversare, evolversi e produrre contenuti di qualità su più argomenti o compiti.

Il GPT-3 e il GPT-4 si distinguono per la purezza della creatività (insieme a una fluidità unica) quando si tratta di scrivere in modo automatico o risolvere problemi difficili che hai in mente e creare esperienze di conversazione affascinanti.

Approfondire questi modelli ti dà un assaggio del potenziale infinito al confine tra l'IA e la cognizione umana, mentre esploriamo ciò che può essere e ampliamo quotidianamente quei limiti. L'automazione della generazione di testo in GPT-3 e GPT-4 non è il futuro; piuttosto, è l'evoluzione di sistemi intelligenti e interattivi che sembrano più amici che strumenti.

CAPITOLO 8: COSTRUIRE UN CHATBOT CON L'AI CONVERSAZIONALE.

I giorni di un chatbot inverosimile che può parlare con te in modo significativo sono passati; grazie ai grandi progressi dell'intelligenza artificiale (AI), ora è fattibile e alla portata di tutti.

Grazie all'intelligenza artificiale (IA) all'avanguardia, che va dalla creazione di un chatbot per il servizio clienti a un partner di conversazione divertente o un compagno di produttività, non è mai stato così facile o accessibile creare un'IA conversazionale.

Quindi, come si crea un chatbot e cosa serve per essere convincenti (per qualche mese)?

Segui questo processo passo dopo passo e scopri gli elementi chiave che fanno sembrare un chatbot di IA conversazionale e utile.

1. Definire l'obiettivo del chatbot.

Prima di addentrarsi nei dettagli tecnici, è necessario definire il compito fondamentale di un chatbot. Potresti avere un chatbot per rispondere alle domande del servizio clienti, a domande di navigazione per un sito web, a domande generali relative a qualcos'altro o semplicemente per divertimento!

È importante capire quale fosse l'obiettivo quando lo si è creato e, da lì, lo stile del CHATBOT nel tono e nel linguaggio sarà determinato dalle risposte che fornisce.

2. Scegliere la piattaforma e gli strumenti giusti.

Dopo aver definito lo scopo, è ora possibile scegliere gli strumenti e le piattaforme che daranno vita al chatbot. Oggi prevalgono molte opzioni, ma nel mondo pratico si possono osservare due approcci fondamentali.

Chatbot basati su regole: questo tipo di bot si basa su alcune regole e risposte. Con uno script, funzionano al meglio per interazioni semplici e chiare. Ad esempio, un bot che pone domande frequenti è basato su regole perché manterrà una ricerca di parole chiave nell'input dell'utente e fornirà una risposta da un database in cui la risposta è caricata.

• Chatbot basati su GPT: bot di IA che generano risposte utilizzando sofisticati modelli GPT-3 o GPT-4. In questo caso, analizzano una più ampia varietà di domande e possono farlo invece di seguire regole rigide. Questo è perfetto per te quando la storia deve essere più colloquiale e può gestire conversazioni complesse/molto movimentate.

Dialogflow, Rasa e Botpress sono solo alcune delle piattaforme che consentono di collegare facilmente chatbot basati sull'intelligenza artificiale e sul riconoscimento vocale tramite un sito web, un'applicazione mobile o i social media. Servizi come i modelli GPT di OpenAI forniscono accesso a un'eccellente PNL, consentendo di sviluppare chatbot con dialoghi simili a quelli umani.

3. Progettazione di conversazioni e risposte.

Per mantenere il tuo chatbot interessante e naturale, devi lavorare in modo conversazionale, ad esempio nella progettazione. Come un utente passerà il bot e quali risposte simili a quelle umane dovrebbero essere accompagnate da sguardi naturali.

Primo passo: elencare qui le domande e le risposte più comuni degli utenti. Un bot dovrebbe essere in grado di capire la domanda se un utente chiede, ad esempio, "A che ora siete aperti?" e rispondere con la risposta appropriata, "Siamo aperti dal lunedì al venerdì, dalle 9:00 alle 17:00". E le domande complesse? L'utente si irrita?

I modelli di IA, ad esempio GPT-3, possono interpretare e dare un senso all'intento del messaggio di un utente, fornendo risposte più contestualizzate. Il chatbot non è uno script hardcoded e può fornire risposte più contestualizzate. Potresti dire: "Mi dispiace davvero sentire che sei così turbato. Quindi lascia che ti aiuti!". Usa un tono un po' più monocorde, ma umano e accessibile.

4. Addestra il tuo chatbot.

L'addestramento di un chatbot, sia che si utilizzi una soluzione basata su regole o basata sull'intelligenza artificiale, è fondamentale per una parte sostanziale del processo. Per i bot basati su regole, ciò significa configurare risposte predefinite e creare alberi decisionali per ogni possibile percorso di conversazione.

I chatbot che utilizzano l'intelligenza artificiale devono essere addestrati su grandi set di dati in modo che il modello impari a rispondere a diversi scenari così come sono.

Potrebbe essere difficile, ma questo processo è fondamentale per aumentare la conoscenza e l'output del tuo bot per l'apprendimento a pochi colpi di modelli come GPT-3 nei chatbot AI (ad esempio, assistenza sanitaria, supporto tecnico, ecc.). Il bot sarà più complesso e raffinato nel rispondere a ogni punto dati e interazione nel modello.

6. Test e iterazione.

La creazione di un'intelligenza artificiale conversazionale è un processo iterativo. Una volta creato il bot, assicurati di testarlo accuratamente. Interagisci con il bot in modo che l'utente possa vedere se è in grado di rispondere correttamente e assisterlo. Chiedi tutto ciò che puoi ottenere in termini di diversità per scoprire i suoi limiti e feedback.

Monitora le aree in cui il bot non riesce nei test, come interpretazioni errate, mancanza di personalizzazione e risposte generiche.

6. Scalabilità e implementazione.

Dopo che il chatbot è stato testato e perfezionato, è il momento di implementarlo. Tutte le piattaforme hanno semplici metodi di integrazione per il web, le app o i servizi di messaggistica come Facebook Messenger, Slack, WhatsApp, ecc. Verifica la disponibilità del bot in tempo reale e monitora la sua progressione.

Il tuo chatbot inizierà a diventare popolare e dovrai adattarlo per supportare un numero elevato di interazioni utente su base trimestrale. La maggior parte dei chatbot basati sull'intelligenza artificiale può essere adattata per gestire grandi volumi di utenti senza la necessità di riprogrammarli continuamente. Quindi, presta attenzione alle metriche delle prestazioni e alla soddisfazione degli utenti con cui viene utilizzato il chatbot.

7. Osserva e migliora l'esperienza utente.

Monitorare le conversazioni per identificare gli ostacoli, registrare i problemi ricorrenti e verificare se gli utenti chiedono indicazioni. Possiamo aggiornare i chatbot di IA imparando dalle loro conversazioni passate in modo che diventino soluzioni più intelligenti e migliori nel tempo.

Ad esempio, gli utenti richiedono spesso una funzionalità che il tuo bot non può fornire e tu vorresti aggiungere tale capacità per aumentare la soddisfazione dell'utente. Inoltre, il chatbot utilizzerà algoritmi di apprendimento automatico per crescere emotivamente e diventare perspicace con il contesto.

Un chatbot è una perfetta prima sfida tecnica (se non un buon progetto per iniziare a costruire con le tue nuove competenze), ma all'inizio può essere un po' scoraggiante. Se vuoi costruire un chatbot per lavoro o per piacere, la diversità e le capacità di GPT-3 e GPT-4 rendono la creazione di una vera IA conversazionale praticamente senza sforzo!

Un bot assistito dall'IA che risponde alla domanda, coinvolge l'utente e aggiunge valore reale concentrandosi sulle esigenze dell'utente e addestrandosi costantemente per rendere il bot flessibile. Il tuo chatbot può diventare il tuo migliore amico se hai solo un po' di creatività, cioè se chatti davvero e ti senti naturale.

CAPITOLO 9: GENERARE SCRITTURA CREATIVA, DALLE BREVI STORIE ALLE POESIE.

La scrittura creativa è un mondo ampio e in continua espansione in cui è possibile creare storie complesse o esprimere i propri sentimenti attraverso le poesie. L'intelligenza artificiale può essere utilizzata da uno scrittore professionista o da un principiante per generare idee per superare il blocco dello scrittore o per aiutarti a comporre la tua bozza di documentazione.

Passaggi per utilizzare l'IA per aiutare nella scrittura.

1. Dai il via alla tua creatività.

Scrivere in modo creativo inizia sempre con la parte più difficile: creare quella scintilla iniziale. Beh, potresti avere l'argomento che vuoi affrontare, ma il problema è scriverlo. L'IA fa un'enorme differenza in questo caso.

L'IA può darti una buona frase di apertura, uno schema e una bozza per iniziare il tuo processo creativo.

Se stai scrivendo un racconto e non sai come fare, puoi almeno dare i tuoi personaggi all'IA descrivendoli brevemente, i dialoghi, le scene o intere frasi di apertura per iniziare, che puoi poi modellare; ti farà uscire dagli schemi in pochissimo tempo e farà scorrere i succhi creativi in modo che la scrittura non appaia come un compito opprimente.

2. Scrivi poesie che risuonano con te.

Scrivere può essere potente e intimidatorio allo stesso tempo, specialmente la poesia. L'essenza della poesia è spesso il suo ritmo, la metafora e la voce. Con le sue funzionalità, l'IA può aiutarti a sperimentare diversi stili, toni e formati per scoprire cosa suscita la tua più grande risposta emotiva o tematica.

L'IA può generare poesie in molti stili, dagli haiku al verso libero e persino ai poeti che ammiri. Per gli esseri umani non ha alcun senso. Puoi dire all'IA quale tema o poche parole hai in mente e lei formulerà le righe come qualcuno che sa mettere insieme le frasi.

Ad esempio, potresti suggerire una poesia sull'amore, la natura o la perdita e farle sputare versi che suonano come se fossero stati scritti da un poeta riflessivo.

Immagina di voler trovare una coppia di rime per una bella, allegra e calda serata estiva. L'IA potrebbe suggerire:

"L'aureola solare sta affondando lenta e morbida, proiettando ombre dove cadono i fiori".

Puoi sempre perfezionare e sviluppare queste idee o usarle per iniziare il tuo viaggio verso la poesia. Il limite è il cielo e le persone possono usare l'IA per creare poesie che trasmettono emozioni con la loro mente creativa.

3. Storytelling / Scrittura di narrativa.

Un grande alleato per gli scrittori di narrativa è l'IA, che può aiutarci a scrivere una bozza della storia fornendoci idee esilaranti per la trama, creando personaggi e persino inventando dialoghi. Pensa alla possibilità di collegare una premessa minima. Magari vuoi un detective che risolva un mistero in una piccola città, e l'IA può fornirti uno schema completo e persino rispondere alla tua prima bozza.

Sperimenta con tutti i generi: romanticismo, fantascienza, fantasy e persino narrativa storica, solo per vedere quali idee vengono fuori. L'IA, che cosa fa per la creazione di mondi? L'IA può creare mondi e luoghi in cui vivere che sembrano reali.

Ad esempio, se stai scrivendo un fantasy e stai cercando una nuova specie di creatura in quel mondo che hai creato, puoi facilmente chiedere una descrizione generata dall'IA di una razza di draghi. Essa produrrà un IP dei tratti, dei comportamenti o delle storie delle tue creature.

L'IA può persino scrivere dialoghi nello stile dei personaggi che caratterizzi, con una comprensione del contesto [1]. Questo è perfetto per il tipo di "Suono nella tua scrittura di personalità diverse". Questo è qualcosa che puoi chiedere all'IA di inventare un dialogo tra due personaggi come un saggio mentore e il suo studente eccitato e che genera risposte in base alle personalità che hai specificato.

4. Perfezionamento e strumenti per migliorare la scrittura.

L'IA è uno strumento straordinario per perfezionare e ampliare la tua scrittura creativa. L'IA può aiutarti a leggere e migliorare le tue poesie o storie dopo aver scritto qualcosa.

Può automatizzare i sinonimi lungo una definizione, suggerire riformulazioni di frasi o persino indicare miglioramenti nella tua scrittura. A volte, hai bisogno di un feedback sulla tua scrittura per vederla di nuovo fresca. L'obiettività dell'IA può darti le linee guida per modificare il tuo lavoro senza pregiudizi per renderlo più completo.

5. Superare il blocco dello scrittore.

Tutti abbiamo giorni in cui l'ispirazione si spegne e la scrittura può prosciugarsi. Fortunatamente, con l'aiuto dell'IA, questi momenti difficili migliorano. Se sei in crisi e non sai cosa scrivere dopo, puoi [chiedere] all'IA di prendere in mano il tuo prossimo paragrafo, pensare a come risolvere la trama e persino generare un'idea nuova di zecca.

Quando hai bisogno di idee, l'IA è al tuo servizio (riempi lo spazio vuoto: se stai lavorando a un romanzo fantasy e hai bisogno di sapere cosa scrivere dopo? Ad esempio, forse il tuo protagonista si trova a un bivio importante e l'IA dice: "L'eroe scopre una mappa nascosta con un tesoro segreto, ma anche guai".

Questo suggerimento aprirà ora un nuovo capitolo nella tua scrittura.

6. Suggerimenti e sfide di scrittura correlate.

Per gli amanti delle sfide e per chi cerca ispirazione per scrivere, l'IA può suggerire alcuni spunti di scrittura specifici per genere o tema. Hai bisogno di aiuto per scrivere qualcosa di distopico post-apocalittico o storico? Basta chiedere all'IA di generare un suggerimento per te. Puoi anche usare l'IA per esercizi di scrittura creativa: Scrivi come questo o lo stile di un autore e abbina due generi diversi.

Puoi chiedere all'IA di fornirti un suggerimento per scrivere un romanzo giallo o rosa. Ad esempio: "Un detective ha sviluppato un gusto per il sospettato in questo caso di omicidio, ma più indaga, più si rende conto che la persona di cui si è innamorato è l'altro lato di un pezzo (colpo di scena)". Questo suggerimento può infondere un po' di ispirazione in ciò di cui hai bisogno per iniziare il tuo prossimo progetto.

Uno degli aspetti interessanti dell'IA per la scrittura creativa è che non ti toglie il ruolo creativo di artista umano. Al contrario, amplia le tue risorse agli occhi degli altri e ti porta da un luogo senza fine all'ispirazione. Se stai scrivendo un romanzo, componendo una poesia o facendo brainstorming per nuove idee per presentare i tuoi pensieri, l'IA offre lo strumento e la libertà di spingere la tua creatività agli estremi.

Non si tratta di mettere da parte la tua voce, ma di permetterti di elaborare nuovi pensieri e superare impasse creativi, portando la scrittura in luoghi che non avresti mai pensato possibili. Goditi le possibilità e usa l'IA come un coach di scrittura che sblocca il tuo pieno potere creativo.

CAPITOLO 10: SCRIVERE E TESTARE IL CODICE CON GPT-3/4 IN PLAYGROUND.

OpenAI Playground è una meravigliosa interfaccia che ti permette di giocare con modelli basati su GPT-3 o anche GPT-4 e scrivere codice di prova. C'è il Playground; non importa se sei un principiante nella programmazione o un professionista che vuole accelerare il suo processo di creazione del codice, serve come un semplice luogo dove puoi generare codice e poi vederlo dal vivo.

Utilizzo di GPT-3/4 per la codifica.

Dopo aver effettuato l'accesso a Playground per la prima volta, noterai una semplice interfaccia in cui inserire il testo e l'IA lavorerà con te. Tutto quello che devi fare per iniziare a scrivere del codice è mostrare a GPT-3 o GPT-4 un input in linguaggio naturale contenente ciò che vuoi realizzare con la tua programmazione.

Ad esempio, se desideri creare una semplice funzione Python per un'istruzione if per trovare un numero primo, puoi provare qualcosa del genere:

Scrivi una funzione Python che determini se un numero in ingresso è primo.

In pochi secondi, il modello sputa fuori del codice dopo che lo hai richiesto. Ecco un esempio di come potrebbe essere l'output:

```
def is_prime(num):
  if num <= 1
    return False
  for i in range 2, int(num ** 0.5) + 1
    if num % i == 0
      return False
    return True
```

Questo rapido output ti aiuterà a iniziare subito senza dover scrivere tutto da zero.

Codice di test Playground.

Generare codice è utile, ma testarlo è obbligatorio per assicurarsi che sia corretto. Sebbene Playground sia ottimo, manca un ambiente di esecuzione diretta del codice, quindi non è possibile eseguire il codice sulla loro piattaforma. In ogni caso, useremo GPT-3/4 per aiutarti con il codice che può essere testato dal vivo altrove.

Padroneggiare GPT-3/4 per testare il codice.

Passaggio al debug: se il tuo codice non funziona, inseriscilo nel Playground; GPT-3/4 ti chiede quale sia la tua intenzione quando scrivi un aiuto passo passo per il debug.

Puoi fornire un suggerimento come "Qual è l'errore in questo codice Python e un consiglio per il debug", che ti indirizza verso utili correzioni. Un modello GPT-3/4 può ispezionare il codice e fornire un suggerimento su ciò che potrebbe essere rotto, in modo da conoscere gli errori più comuni.

• Test unitari: se devi assicurarti che il tuo codice funzioni, chiedi a GPT-3/4 di eseguire i test unitari che hai codificato.

Ad esempio, supponiamo di aver creato una funzione e di aver quindi fornito al GPT-3/4 il seguente prompt: "Ora scrivi i test unitari per la funzione is_prime in Python".

Ciò può portare il modello a generare test come:

```python
import unittest.

class TestPrimeFunction(unittest.TestCase):

  def test_prime(self):

    self.assertTrue(is_prime(5))

    self.assertFalse(is_prime(4))

  def test_edge_cases(self):

    self.assertFalse(is_prime(1))

    self.assertFalse(is_prime(0))

if __name__ == '__main__':

  unittest.main()
```

In questo modo il codice funziona con casi tipici, usi stupidi e condizioni limite.

Ottimizzazione del codice per le prestazioni.

Quando il codice funziona, si può provare a modificarlo. GPT-3/4 ti aiuta a migliorare le prestazioni del tuo codice. Ad esempio, la semplice frase "Ottimizza questa funzione Python per migliorare le prestazioni" può sfornare corsi per rendere il tuo codice più compatto, più veloce o più leggibile.

Perfezionare il codice.

Man mano che si procede con il codice, è possibile utilizzare nuovamente GPT-3/4 per migliorarlo. Chiedere modifiche nella struttura e nell'accessibilità o per aderire alle migliori pratiche. È quindi possibile creare un codice pulito ed efficiente mentre si implementano le funzionalità e il feedback dell'IA.

Processo iterativo.

Uno dei principali vantaggi di GPT-3/4 in Playground è che consente di scrivere codice iterativo. L'IA ti aiuterà a perfezionare il codice in modo interattivo, provando nuove soluzioni e fornendo sempre nuove informazioni. In definitiva, ciò significa codificare in modo più veloce, migliore e più intelligente.

Ho creato un campione di codice utilizzando uno strumento di generazione di testo e voglio testare la generazione di nuove funzionalità o modificare il comportamento di alcune funzioni. Per GPT-3/4, è necessario modificare il prompt e il modello offrirà un codice aggiornato che tiene conto delle nuove specifiche.

Potenziare lo sviluppatore.

I principianti trovano che Playground sia un ottimo strumento per imparare. Questo permette di giocare con i concetti di programmazione e sperimentare la programmazione. GPT-3/4 ti guiderà, passo dopo passo, alla comprensione della sintassi e alla conoscenza delle strutture di base.

Playground for the Veterans accelera il tuo sviluppo, poiché svolge tutte le attività monotone come il debug del codice o la creazione di soluzioni piuttosto rapide. Offre un solido assistente di intelligenza artificiale in grado di fare di tutto, dalla creazione di codice standard alla semplificazione di algoritmi contorti.

Che tu sia un principiante o uno sviluppatore esperto che cerca di ottimizzare il proprio processo, l'applicazione di GPT-3/4 su Playground incarna la potenza che cambia davvero il modo in cui scriviamo e testiamo il nostro codice.

CAPITOLO 11: CONTROLLO DELLE RISPOSTE CON MODIFICATORI ED ESEMPI.

Più ti immergi in OpenAI's Playground, più ti renderai conto che la piattaforma offre impostazioni avanzate (quindi puoi controllare l'output del modello). Modificatori: queste impostazioni (chiamate modificatori) sono fantastiche; possono adattare meglio l'output in modi più precisi. Ti aiuteranno a indirizzare le risposte del modello più vicino alle tue specifiche in termini di tipo (tono), creatività, lunghezza o genere.

In questo capitolo, approfondiremo alcuni dei principali modificatori e come utilizzarli in modo efficace per generare gli stili di risposta desiderati.

1. Temperatura.

Uno dei Crucial Debuggables è la temperatura. Questi suggerimenti riguardano il modificatore più importante. Modifica il grado di risposta del modello alla casualità o alla creatività. Si utilizza per regolare le risposte in modo che siano prevedibili o creative.

• Temperatura bassa (0,0-0,3): impostandola troppo bassa, l'output del modello sarà più mirato/deterministico. Per ottenere risposte più semplici e senza sorprese, è ideale per ottenere risposte semplicemente di base o basate sui fatti.

Una temperatura bassa, ad esempio, chiedendo una definizione di "apprendimento automatico", produrrebbe una risposta esatta e fattuale.

• Temperatura alta (0,7 ~ 1,0): Questa impostazione spingerà il modello a trovare risposte creative ed esplorare varie possibili risposte. Eccellente per casi d'uso creativi (qualsiasi cosa, dalla scrittura di una storia alla generazione di idee e contenuti vari).

Ad esempio, se chiedi al tuo modello di scrivere la trama di un racconto a una temperatura più alta, diventerà più vario e persino fantastico.

La regolazione della temperatura è il modo in cui si perfeziona l'equilibrio tra creatività e perfezione, in modo che le cose siano esattamente come le desideri per il tuo obiettivo.

2. Gettoni massimi.

Numero di gettoni che il modello può produrre con una risposta. Questo è il limite di ciò che il modello può produrre (ovvero quanti caratteri, in termini di parole piccole o grandi)

Gettoni max brevi: se hai bisogno di risposte in vano, imposta un numero inferiore di gettoni max. Un numero basso di gettoni si tradurrà in un linguaggio semplice per una definizione rapida.

Se, ad esempio, si sta cercando solo la definizione o il riassunto, un valore massimo di gettoni più basso, ad esempio 1024, renderà la risposta breve.

E. Ad esempio, chiedere una piccola "breve descrizione del sistema solare" si tradurrà in una risposta rapida (50-100 parole) se i gettoni massimi sono impostati su un valore basso.

• Long Max Tokens: se stai producendo moduli più lunghi, come articoli, saggi o una descrizione dettagliata, un limite di token più alto Long Values.

Esempio: una richiesta di "Comprehensive Personal Finance 101" con il numero massimo di token abilitato genererà una risposta esaustiva, più lunga e più dettagliata.

L'impostazione dei token massimi può gestire quanto brevi o lunghe dovrebbero essere le tue risposte, il che è utile per attenuare il flusso di coscienza.

3. Top_p (Nucleus Sampling)

Top_p controlla il livello di casualità nelle risposte alla selezione delle parole del modello e opera su un insieme limitato di candidati successivi ad alta probabilità.

Si ottengono risultati più mirati e prevedibili quando si utilizza un valore top_p più basso perché il modello deciderà tra un minor numero di alternative. Un top_p più alto permette al modello di attingere a parole da una più ampia selezione di possibili risultati, il che può portare a risultati più creativi e vari.

- 0,1-0,3 Top_p basso: utilizzato per impostare il modello sulle parole più probabili tra quelle disponibili affinché la risposta suoni più coerente e meno sorprendente. Funziona soprattutto per tipi di compiti più logici o fattuali.

Esempio: richiedere un discorso scientifico o dettagli tecnici con un top_p basso risulterebbe in una risposta ponderata che è chiara e fredda, un dato di fatto.

- Top_p alto (da 0,7 a 1,0): Top_p = allenta ulteriormente la riduzione delle opzioni e consente al modello una maggiore portata nella ricerca di parole o idee. Questo è super fantastico per un lavoro più creativo (come scrivere narrativa o ideare soluzioni strane ai problemi)

Esempio: si chiede una "storia di draghi" con top_p impostato alto; il risultato sarà molto stravagante e ispirato.

Top_p e temperatura ti danno un ottimo controllo su quanto creativa o strutturata dovrebbe essere la risposta.

4. Penalità di frequenza e penalità di presenza.

Queste due impostazioni aiuteranno a limitare la ripetizione delle risposte nel modello:

• Penalità di frequenza: un modificatore per diminuire la possibilità che il modello ripeta semplicemente le stesse parole. Più è alto, meno la stessa parola o frase sarà usata in una sequenza (ovvero penalità).

Ad esempio, quando si scrive una poesia o si scrive liberamente e il modello si blocca ripetendo gli stessi concetti, un aumento della penalità di frequenza nell'area +ve spingerà il modello a utilizzare un linguaggio più vario.

• Penalità di presenza: l'opposto di essere troppo vicini a un argomento precedente, questo spingerà il modello a portare cose nuove. Una penalità di presenza maggiore significa che il modello ci spinge maggiormente a sviluppare nuove idee.

Esempio: se dici al modello di comporre una storia su un viaggio, la penalità di presenza suggerisce che il modello rifletta il viaggio in modo diverso invece di visitare ripetutamente le stesse località o idee.

Questo aiuta a mantenere le cose fresche e diverse nelle risposte di output più lunghe / compiti creativi, che sono entrambi penalità.

5. Sequenze di arresto.

Bene, le sequenze di arresto ti permettono di dire al modello quando smettere di sputare fuori testo. Questo è particolarmente utile per limitare la forma e la lunghezza dell'output. È possibile includere una o più sequenze di arresto, ad esempio una parola, una breve frase o una punteggiatura, per indicare che la risposta è stata completata.

Esempio: utilizzare "END OF DIALOGUE" alla sequenza di arresto any indica al modello che è qui che dovrebbe terminare la generazione di questa frase in un dialogo che si sta scrivendo.

Le sequenze di arresto sono fantastiche per definire quando e dove l'output dovrebbe fermarsi in modo che l'output rientri negli spazi definiti.

Queste impostazioni saranno più utili quando si utilizzano impostazioni avanzate e modificatori in Playground su OpenAI. Queste impostazioni ti danno esattamente ciò di cui hai bisogno per spingere i limiti della buona risposta effettiva rispetto alla risposta creativa/immaginativa che desideri.

Gioca con la temperatura, i token massimi, top_p e altri parametri e lasciati stupire dalle risposte migliorate. Più giochi con queste impostazioni avanzate, più controllo avrai nella messa a punto di un output di alta qualità.

CAPITOLO 12: INTEGRAZIONE DI GPT-3/4 CON LE BASE DI CODICE ESISTENTI E LE APPLICAZIONI REALI.

La combinazione di GPT-3/4 nei progetti e nei codebase attuali in applicazioni reali è uno dei modi più efficaci per aggiungere funzionalità al progetto.

È possibile incorporare facilmente i modelli OpenAI, sia che si lavori su un'applicazione web o desktop (o qualsiasi altra soluzione tecnologica) e funzionalità basate sull'intelligenza artificiale come l'elaborazione del linguaggio naturale, le capacità dei bot, la generazione di codice, ecc.

Come iniziare integrando GPT-3/4, script di esempio per aggiungere un po' di pepe alla tua creazione.

1. Ottenere le credenziali API di OpenAI.

Il primo passo da compiere, prima dell'integrazione, è consentire l'API di OpenAI, un processo molto semplice in cui è necessario registrarsi per ottenere una chiave API da OpenAI. È quindi possibile richiamare il modello, ad esempio (GPT-3 o GPT-4) utilizzando il tuo linguaggio di programmazione preferito con quella chiave.

Gli SDK sono disponibili per le librerie ufficiali di OpenAI sui più comuni ambienti di programmazione disponibili. Le librerie openai (Python) o openai-node (JavaScript) ti danno un handle per effettuare chiamate al modello e ottenere le risposte che puoi poi inserire nel tuo codice.

Ad esempio, per Python, installa OpenAI tramite il pacchetto pip:

Pip install openai.

Successivamente, puoi autorizzarti e iniziare a chiamare le richieste per ottenere l'output di testo, rispondere alle domande o aggiungere funzionalità AI integrate alla tua app esistente.

2. Scegliere l'endpoint giusto.

E con l'API OpenAI, scegliere il modello giusto per i tuoi scopi diventa importante. GPT-3 e GPT-4 hanno punti di forza diversi, quindi la scelta di uno dipende da come prevedi di utilizzare il tuo modello. GPT-3 è veloce e incredibilmente rapido per la maggior parte delle attività; GPT-4 offre maggiore precisione e comprensione complessa, in particolare per ulteriori indagini o esecuzioni complesse.

È possibile utilizzare gli endpoint text-DaVinci-003 (GPT-3) o GPT-4 per generare testo nella propria app (a seconda che le azioni siano relativamente leggere). Prestare attenzione ai limiti di richiesta, alla latenza e ai costi associati quando si sceglie tra i modelli.

1. Integrare le chiamate API nel codice.

Ora passiamo all'aggiunta di chiamate API al codice. È possibile farlo aggiungendo GPT-3/4 all'app, ad esempio nei servizi di back-end, nelle interfacce utente di front-end o nelle funzioni serverless. Ad esempio, è possibile inviare alcuni input dell'utente all'API dell'app chatbot e restituire la risposta dell'IA all'utente.

Esempio in Python:

```
import openai.

openai.api_key = "la-tua-chiave-api"

response = openai.Completion.create(

engine="text-davinci-003", # Oppure usa GPT-4 per
una maggiore precisione.

prompt="Traduci 'Ciao' in spagnolo,"

max_tokens=60

)

print(response.choices[0].text.strip())
```

Il back-end fornirà un prompt in prompt; in questo caso, ascolta l'output del modello con GPT-3. Questo può essere ampliato per includere attività più creative come la creazione di riepiloghi, la scrittura di descrizioni di prodotti, il cambio di testo o la risposta alle domande dei clienti.

4. Collegare l'IA con i componenti front-end.

Può migliorare l'esperienza utente poiché il front-end consente abilità di IA in un'applicazione web. Ad esempio, quando si crea la sezione FAQ su un sito web, è possibile utilizzare GPT-3/4 per generare risposte per l'utente. Ciò implica che è possibile far calcolare dinamicamente all'IA le risposte pertinenti alle domande dell'utente, sostituendo la risposta statica.

Ad esempio, l'integrazione di GPT-3/4 in un'app React può avere questo aspetto:

```
import React, { useState } from 'react';

import axios from 'axios';

const ChatBot = () => {

const [userInput, setUserInput] = useState('');

const [response, setResponse] = useState('');

const handleInputChange = (e) => {

setUserInput(e.target.value);

};

const handleSubmit = async () => {

const result = await axios.post('/api/query', { prompt: userInput });

setResponse(result.data.reply);

};
```

```
    return (

    <div>

    <input

    type="text"

    value={userInput}

    onChange={handleInputChange}

    placeholder="Ask a question"

    />

    <button
onClick={handleSubmit}>Submit</button>

    <p>{response}</p>

    </div>

    );

};

export default ChatBot;

    •
```

In questo esempio, come si chiama il front-end una risposta API che invia l'input dell'utente a GPT-3/4 e recupera la risposta dell'IA in tempo reale.

5. Potenziamento delle funzionalità attuali con l'IA.

Una delle parti più interessanti che si possono fare con GPT-3/4 nell'integrazione di applicazioni nel mondo reale è la sua capacità di potenziare le funzionalità esistenti. Ad esempio, se la tua applicazione sta già elaborando molti dati, usa GPT-3 per riassumere, classificare o analizzare.

Ad esempio, attività: gli utenti inseriscono attività nell'app di gestione dei progetti. Puoi sfruttare GPT-3 per aiutarti a produrre descrizioni o anche pensare a correggere il tuo elenco di attività. Ad esempio, in un'app di e-commerce, GPT-3 può aiutare a costruire descrizioni dei prodotti, oppure un rappresentante dell'assistenza clienti può automatizzare le risposte manuali per fornire risposte più rapide.

6. Test e scalabilità dell'integrazione.

Il test è fondamentale quando si collega GPT-3/4 alla propria app. È necessario verificare la velocità delle prestazioni e confermare se la risposta dell'IA soddisfa i requisiti dell'applicazione. Ciò include il test per i casi limite, l'esecuzione di stress per determinare se l'API è in grado di gestire molte richieste e l'ottimizzazione delle prestazioni.

Dopo essersi assicurati che l'integrazione funzioni, si passa alla scalabilità dell'integrazione. Anche se, come l'API di OpenAI, è in grado di gestire un gran numero di richieste, è necessario assicurarsi che i servizi di backend siano in grado di gestire il carico di queste API multiple per evitare il degrado dell'esperienza utente.

7. Garantire l'uso etico/la gestione dei dati.

Quando si intreccia l'IA in applicazioni reali, la privacy dell'utente e il pensiero etico dovrebbero essere combinati con l'integrazione nella maggior parte delle classi. Assicurati che i dati inviati ai server di OpenAI aderiscano alla tua politica sulla privacy esistente e non inviare informazioni sensibili inutilmente.

Le applicazioni responsabili basate sull'IA non solo creano valore, ma costruiscono anche un rapporto di fiducia tra te e i tuoi utenti.

GPT-3/4 Insieme al tuo vecchio codice, farà miracoli per le tue applicazioni; basta dare loro più intelligenza e interattività con le tue app. Puoi utilizzare i modelli OpenAI per creare chatbot, migliorare le interfacce utente o automatizzare altri processi.

Utilizzando bene queste funzionalità di IA, puoi migliorare la funzionalità della tua app e creare esperienze più interattive e user-friendly.

CAPITOLO 13: CREA LA TUA PRIMA APP DI INTELLIGENZA ARTIFICIALE CON I MODELLI DI OPENAI.

Comprensibilmente, creare un'app di IA sembra un'impresa difficile, ma con gli strumenti e le risorse attuali è possibile realizzarne una facilmente. L'app utilizza i solidi modelli di OpenAI, GPT-3 e GPT4, per lavorare con la comprensione e la generazione di testo, ecc. Se stai creando un chatbot, un'assistenza alla scrittura di contenuti o un'app di assistenza clienti basata sull'IA, questi modelli ti aiuteranno in tutti questi casi.

Questo capitolo fornisce una guida su come creare la tua prima app di IA con i modelli di OpenAI.

Fase 1: Conoscere lo scopo della tua app.

Prima di iniziare a divorare le specifiche tecniche, qualcosa dovrebbe essere chiaro: cosa vuoi che faccia la tua app? Quale problema stai risolvendo? Chi è il tuo utente? Lo scopo della tua app, una volta definito, ti aiuterà a dedurre quando dovrebbero essere integrati elementi come i modelli OpenAI.

Ad esempio, per il servizio clienti si desidera un chatbot in grado di rispondere alle domande più frequenti e fornire alcuni argomenti più utili. Sapere questo in anticipo aiuterà a concentrarsi sulle caratteristiche e sui dati che contano nella propria app.

Fase 2: accesso all'API OpenAI.

Registrarsi per ottenere la chiave API. La chiave API dell'applicazione viene utilizzata per autenticare le richieste e consentire di interagire correttamente con i modelli.

Fase 3: scegliere lo stack di sviluppo.

Devi selezionare il tipo di strumenti e tecnologia per sviluppare la tua app. I modelli tramite l'API OpenAI possono essere qualsiasi cosa che effettui richieste HTTP: linguaggio di programmazione, Python,

JavaScript (Node.js), persino funzioni serverless! Per questo esempio, supponiamo che tu sia in Python.

Installa gli strumenti necessari:

Python: il tuo computer dovrebbe eseguire Python 3.6 o superiore.

Pacchetto OpenAI per Python: basta eseguire il comando

```
pip install openai
```

Fase 4: Effettuare la prima chiamata API.

È necessario essere in grado di chiamare i modelli di OpenAI nella propria app di IA, che è il suo nucleo. Scriveremo uno script per effettuare una semplice chiamata API e generare il testo. Quel chatbot prenderà l'input dell'utente e genererà una risposta, qualcosa del tipo:

```
import openai.

openai.api_key = "la-tua-chiave-api"

def ask_bot(domanda):

    risposta = openai.Completion.create(
```

```
    engine="text-davinci-003", # o gpt-4 per compiti più
complessi.

    prompt=domanda,

    max_tokens=150.

)

restituisci risposta.scelte[0].testo.strip()
# Testa il chatbot
stampa(ask_bot("Qual è la capitale della Francia?"))
```

Di seguito è riportato uno script di base che interroga il modello di OpenAI e riceve la sua risposta. max_tokens controlla la lunghezza della risposta e l'input della domanda nel prompt.

Fase 5: progettare l'interfaccia utente.

Successivamente, creare un'interfaccia per gli utenti con cui si desidera interagire con l'IA. Soluzione: utilizzare Python per creare un'applicazione web o mobile. Creeremo un'applicazione web di base utilizzando Flask o Django se si utilizza Python.

Esempio di una semplice interfaccia web basata su Flask per creare un bot!

Installare Flask:

pip install flask

Creare una semplice app Flask (app.py):

```python
from flask import Flask, request, render_template.

import openai

openai.api_key = "your-api-key"

app = Flask(__name__)

@app.route("/", methods=["GET", 'POST'])

def home():

  if request.method == "POST":

    question = request.form["question"]

    answer = ask_bot(question)

    return                 render_template("index.html",
answer=answer)

  return render_template("index.html")

def ask_bot(question):

  response = openai.Completion.create(
```

```python
    engine="text-davinci-003",

    prompt=domanda,

    max_tokens=150

)

return risposta.scelte[0].testo.strip()

if __name__ == "__main__":

app.run(debug=True)
```

Creare un file index.html per l'interfaccia utente:

```html
<!DOCTYPE html>

<html>

<head>

  <title>Chatta con l'IA</title>

</head>

<body>

  <h1>Chiedi qualsiasi cosa all'IA!</h1>

  <form method="POST">
```

```
<input          type="text"          name="question"
placeholder="Fai una domanda" required>

<button type="submit">Chiedi</button>

</form>

{% if answer %}

<h2>Risposta: {{ answer }}</h2>

{% endif %}

</body>

</html>
```

Puoi digitare una domanda in una casella di testo, fare clic su Invia e visualizzare la risposta dell'IA all'interno di questa app Flask. Discutiamo del codice di backend che utilizza l'API di OpenAI per ottenere una risposta, che viene poi mostrata su una pagina web.

Passaggio 6: testare e perfezionare l'app.

Dopo aver implementato le funzionalità, ora devi testare e iterare la tua app. Ecco a cosa dovresti prestare attenzione:

L'interfaccia è facile da usare?

Le risposte dell'IA hanno senso e sono corrette?

Gestione degli errori: assicurati di gestire correttamente gli errori nella tua app, compresi gli errori con chiavi API non valide, problemi di rete o l'IA che non restituisce ciò che ci si aspetta.

Prestazioni: pensa a come effettuare molte chiamate API in modo efficiente se hai bisogno che la tua app sia scalabile.

Fase 7: distribuzione dell'app

Una volta che l'app è locale, è il momento di distribuirla; per il web, è possibile utilizzare servizi come Heroku, AWS o Google Cloud. Per i dispositivi mobili, tutti gli app store come Google Play o Apple Appstore e distribuire l'app. Assicurarsi di testare adeguatamente tutto nell'ambiente di distribuzione prima di distribuire l'app agli utenti.

Fase 8: iterare e migliorare

L'IA nell'app è solo all'inizio. È possibile continuare a migliorare l'app con

• Migliorare la qualità della risposta utilizzando prompt di regolazione fine.

• Aggiungere più funzionalità (aggiungere il riconoscimento vocale e altre API)

• Raccogliere il feedback degli utenti e migliorare l'esperienza utente.

Creare un'app di IA nel tuo modello OpenAI sembra molto interessante e divertente. Facendo quanto sopra, puoi creare un'applicazione pertinente e intelligente che aggiunge valore per l'utente. Le possibilità sono illimitate grazie all'adattabilità e alla potenza dei modelli OpenAI, sia che tu stia creando un chatbot, un assistente, dei bot o qualsiasi altra cosa basata sull'IA.

CONCLUSIONE.

Mentre concludiamo questa avventura di esplorazione di OpenAI Playground, possiamo capire che abbiamo appena scalfito la superficie dell'infinito potere dei modelli OpenAI.

Dal momento in cui si entra in Playground, non si è più in dialogo con uno strumento, ma piuttosto nel parco giochi della creatività, della risoluzione e dell'innovazione infinite.

Supponiamo che tu stia creando applicazioni di base e desideri sperimentare la generazione di testo o addentrarti nelle interessanti specifiche della programmazione dell'IA. In tal caso, Playground è il tuo mezzo per modellare, scolpire e modificare le idee in un modo che non è mai stato così facile.

OpenAI Playground è diverso e magico perché è facile da usare e implementare. Un tempo l'IA viveva lì, nei laboratori intellettuali high-tech o in esotici istituti di ricerca.

Il Playground è un'opportunità per chiunque sia lontano dall'essere uno sviluppatore esperto, per fare una prova con modelli all'avanguardia come GPT-3, GPT-4 e Codex.

Tutto ciò di cui ha bisogno è una mente non appiccicosa e la curiosità. Questo è un regno in cui persone di ogni tipo possono sfruttare le capacità dell'intelligenza artificiale, prendendo parte alla grande rivoluzione dell'IA già in atto.

La cosa più impressionante del Playground è che si possono fare molte cose. Basta scrivere dei suggerimenti e le idee sono infinite: scrittura creativa, codice, chatbot, applicazioni educative, e chi più ne ha più ne metta!

Il vero trucco è come tradurre queste astrazioni in applicazioni reali per diversi casi d'uso. Ad esempio, potrebbe essere la cosa più semplice (e allo stesso tempo più difficile) in cui si pone una domanda e, in cambio, si ottiene una storia, una riga di codice, una soluzione o persino l'idea di un nuovo prodotto, tutto grazie alla grande adattabilità dei modelli.

Ma non è solo la tecnologia. Beh, questo succede con noi e con questa tecnologia. Il Playground ci obbliga a essere etici, riflessivi e attenti quando abbiamo a che fare con l'IA. Dai capitoli precedenti su equità e pregiudizi, basti dire che lo sviluppo responsabile dell'IA è importante.

I modelli di OpenAI sono enormi, ma con i talenti, questi poteri comportano il dovere di usarli in modo etico e a beneficio di tutti. Noi, creatori, sviluppatori e utenti di questa tecnologia, ne siamo i custodi collettivi. Ecco perché stabilire equità, trasparenza e inclusività nei modelli che costruiamo e rilasciamo è fondamentale per creare un domani migliore.

Ciò che è altrettanto strabiliante è che Playground apre la strada alla creatività. Utilizzando l'IA, possiamo abbozzare nuovi mondi, nuovi spazi di soluzione e aree di espressione inesplorate. Immaginate GPT-4 che scrive poesie (dialogo tra personaggi per comporre una progressione narrativa al volo).

Non è più solo per artisti, autori o programmatori; le cose che una volta erano entro i confini non lo sono più. Arte, letteratura e istruzione sono possibilità infinite nel mondo degli affari. OpenAI ha abbattuto le barriere di una frontiera creativa in cui la creatività umana coesisterà e collaborerà con le macchine per riscrivere il possibile.

Se sei uno sviluppatore e vuoi progetti simili che puoi realizzare, Playground è lo spazio per sperimentare e testare idee prima che siano in forma completa. Con l'accesso a questi modelli all'avanguardia (ad esempio, Codex), gli utenti possono iniziare a scrivere e testare codice o persino creare applicazioni/automatizzare processi attraverso il canale.

Playground, con il suo feedback in tempo reale e le sue iterazioni, è il posto migliore per mettere in pratica le tue abilità se stai lavorando alla tua prima app di IA o al debug di un codice vecchio. OpenAI Playground è ciò che rende questo posto davvero speciale grazie al potenziale che invoca. È un terreno di incubazione per nutrire le tue idee, perfezionarle e far crescere la tua comprensione dell'IA in un unico posto.

Ogni esperimento, ogni nuovo suggerimento, ogni rielaborazione ti avvicina sempre di più al possesso di questa tecnologia e al pieno sfruttamento delle sue potenzialità. Che tu stia giocando con il Playground per divertimento, per imparare o per lavoro, permetti alle persone di contribuire a qualcosa di molto più grande: plasmare il futuro.

In quasi tutti i settori della vita, tra cui la sanità, la finanza, i media e l'istruzione, la realtà dell'IA è già una realtà. Tuttavia, ciò che rende l'IA veramente rivoluzionaria non è la capacità di automatizzare i compiti o amplificare le prestazioni umane.

La sua vera forza sta nella scintilla che accende la creatività umana e risolve problemi che non abbiamo mai nemmeno immaginato per esplorare nuove frontiere. Playground è la via per questo futuro e chiunque, ovunque, può iniziare la propria avventura nell'IA.

In definitiva, esplorare l'OpenAI Playground non è solo un tutorial per l'utilizzo dei modelli di IA. È un'offerta per entrare in nuove dimensioni di innovazione, creatività e potenziale. Indipendentemente dalla complessità di un'app che stai costruendo, da un capolavoro d'arte che stai creando o dalla tua scoperta di come (e come no) l'IA può animare ogni aspetto della vita che ci circonda.

Il Playground ti dà accesso a potenti mezzi di produzione e opportunità gratuite per trasformare le tue idee in artefatti fisici. L'IA è un grande bagliore nel nostro futuro, e tu hai la chiave di quel futuro nelle tue mani mentre usi OpenAI Playground, quindi non stare a guardare e aspetta di vedere cosa succede.

Serie
"Strategie più intelligenti per le aziende moderne"
Esplorare il parco giochi dell'IA aperta: liberare la creatività con l'IA
"Influenza dei social media."

> Aumentare la propria influenza sui social media su Facebook.
>
> Aumentare la propria influenza sui social media su YouTube.
>
> Aumentare la propria influenza sui social media su Instagram.
>
> Aumentare la propria influenza sui social media su TikTok.
>
> Aumentare la propria influenza sui social media su Reddit.
>
> Aumentare la propria influenza sui social media su Pinterest.
>
> Aumentare la propria influenza sui social media su Twitter.
>
> Aumentare la propria influenza sui social media su LinkedIn.

Visita Amazon per trovare altri libri di questa collezione.

Biografia dell'autore

Aaron è appassionata di lettura e di apprendimento su come massimizzare la redditività sui social media. Ispirata dalle sue conoscenze ed entusiasmo, ha deciso di condividere le sue intuizioni attraverso la scrittura. Questo libro è solo l'inizio: altri titoli sono in arrivo in questa collezione! Assicurati di seguirla su Amazon per rimanere aggiornato sulle future uscite.
Grazie per il tuo acquisto! Il tuo supporto significa davvero molto per me e ti apprezzo profondamente come lettore.
Che Dio ti benedica.
Aaron Cockman.